Nervus Opticus

Stefan Barton

Nervus Opticus

23 Gedichte und 13 Bilder
23 poems and 13 images

©2021 Stefan Barton
Herstellung und Verlag: Books on Demand, Norderstedt
ISBN 978-3-7543-2734-0

INHALT

Oben:
  Blauer Raum
  unendlich gedehnt.

Darunter:
  Windgeformte Fichten,
  stecken hingekritzelt
  wie kaputte Federn,
  einzeilig
  hinter einer schmalen Düne.

Davor:
  Menschliches Geflitze
  auf heißem Strand.
  Hysterisches Gesirre,
  keifendes Schrillen,
  aufstoßend und behauptend,
  zappelnd,
  längs hinschlagend,
  verscharrend.

Dann:
  Unter der schwingenden Oberfläche:
  Tiefe,
  unmerkliches Wogen
  über lautlosem Gestein.
  Betäubender Puls
  unendlich gedehnt.

Mein Haus
ist in mir drin.

Viele Räume,
darin viel Besuch.

Hier ein lauter Trubel,
dort ein stilles Beieinander.

Anzufinden überall:
Der Ich-Erzähler.

Er lädt vor,
Einen, oder mehr,

fürs Ausprobieren
von Worten, Taten, Reaktionen

fürs Nachstellen
von Kennenlernen,

von Konflikten,
Abschiedsszenen.

In den Fluren:
Träume.

Sie suchen Hauptfiguren
und Statisten

für ihre Zaubertricks
und Kammerspiele.

Ich habe auch
private Räume.

Mein Rückzug.
Kein Zutritt!

Fast alle
halten sich daran.

Ein paar kümmert das nicht
und kommen ohne Klopfen

und gehen erst,
wenns ihnen passt.

Ich werde ihre Launen,
ihren Zugriff nicht mehr los.

Ich kann sie nicht verweisen
aus meinem Haus hinaus.

Bin ich denn bei ihnen auch?
Ein Unwesen?

Eine komische Version,
nicht autorisiert:

Eine Puppe an Fäden,
nur scheinbar voller Eigensinn.

Als Quäl-Geist eingesperrt
im fremden Innenhaus.

Wäre Chaos
  ein Gegenstand,
  so wäre es
  wie ein Stück Treibholz:
  Abgerundet
  mit einer dünnen Schicht
  aus Rauschen
  und Erinnerungen
    an Strömung,
    an langen Taumel
    und Auflösung.
  Schöne Fügungen
    aus Nichts.

Auf einmal bin ich
winzig.

Wolken: Turmhoch im Blau
über Spiegelmeer
und Weite und Ferne.
Der Wind ist weggeweht.

Ich höre endlosen Raum,
in dem Alles verhallt:
Das Atmen des Wassers,
die Stille des Rauschens.

Ich bin im Umlauf,
wie ein ehrfürchtiger Trabant
um meine scheue Seele
so enorm, so elementar.

Ich bin dennoch viel zu plump
und zu hastig,
um zu landen,
um mich mit ihr
zusammenzutun.

Noch immer nehm' ich zu viel wahr
aus kleinster Perspektive,
lege mir die Welt zurecht
und finde mich gravierend.

Mir gegenüber:
 Sie!
Ich schau in die Augen
die in meine schauen.
Von Ansicht zu Ansicht.

Seid gepriesen
erste lichtempfindliche Zellen
unserer frühsten Vorfahren!
Vorkämpfer - nein,
Entdecker der - vielmehr:
Erfinder der Schönheit!

Geheimnisvolle Iris!
Tiefe Linse…
Der Glaskörper:
Fenster zur Seele bestimmt!
Durch Nervus Opticus
zu ihrer lichtlosen Behausung.

Gesenkt in den Schädel…
Ja, schließe kurz die Lider
über die Schutzbedürftigen.
Alles andere an ihr
ließe sich berühren -
nicht die sensiblen Sphären.

Ich steh kopf, seitenverkehrt,
kann meinen Blick nicht wenden!
Warum auch?
Das wundervolle Sehen
dieser Augen…
Ach - könnt' ich ihre Ohren hören!

BLIND

Nähmen wir an,
du wärest blind,
von vornherein:

Ich sage dir:
"Du siehst schön aus",
und du musst mir glauben.

Du lächelst,
nicht wirklich verstehend,
was das bedeutet.

"Wie ein hübscher Klang",
sage ich,
"eine schöne Melodie."

Ich kleide dich,
auch in unbequeme Sachen.
Du nimmst es hin.

Du lässt es zu ,
dass ich dich schminke,
in dein Gesicht reinmale.

Deine Schönheit,
ist nach meinem Geschmack
und meinem Zugriff.

Aber du selbst weißt nicht,
wie man sie verwendet,
auch nicht für mich.

Mein Aussehen ist dir egal,
gar nicht vorstellbar.
Ich sehe gar nicht aus.

Irgendwann werde ich sagen,
ehrlicherweise:
"Deine Schönheit ist vergangen."

Und das wird seltsam für dich sein,
wie mich das beschäftigt,
wie Augen mitzulieben scheinen.

Oder nicht mehr.

Hörst du mir das an?

Nap

My thoughts tumble away.
They bump into a dream.
But the dream won't let them in.
Alarmed, they turn back.

My daughter shouts from the next room
into the wooden corridor:
"Can I keep that?
Forever?"

'Forever' is long,
I would know,
with my thoughts.
Everything shorter than that
really does not last at all
  – by comparison.

But my thoughts
tumble away again,
adventurously.

Meine Gedanken kullern davon.
Sie stoßen an einen Traum.
Aber der lässt sie nicht herein.
Erschreckt kehren sie zurück.

Laut ruft meine Tochter im Nebenzimmer,
in den hölzernen Flur hinein:
"Darf ich das behalten?
Für immer?"

'Für immer' ist lang,
wüsste ich
mit meinen Gedanken.
Alles kürzer als das
dauerte eigentlich gar nicht –
  – im Vergleich.

Aber meine Gedanken kullern wieder davon,
abenteuerlustig

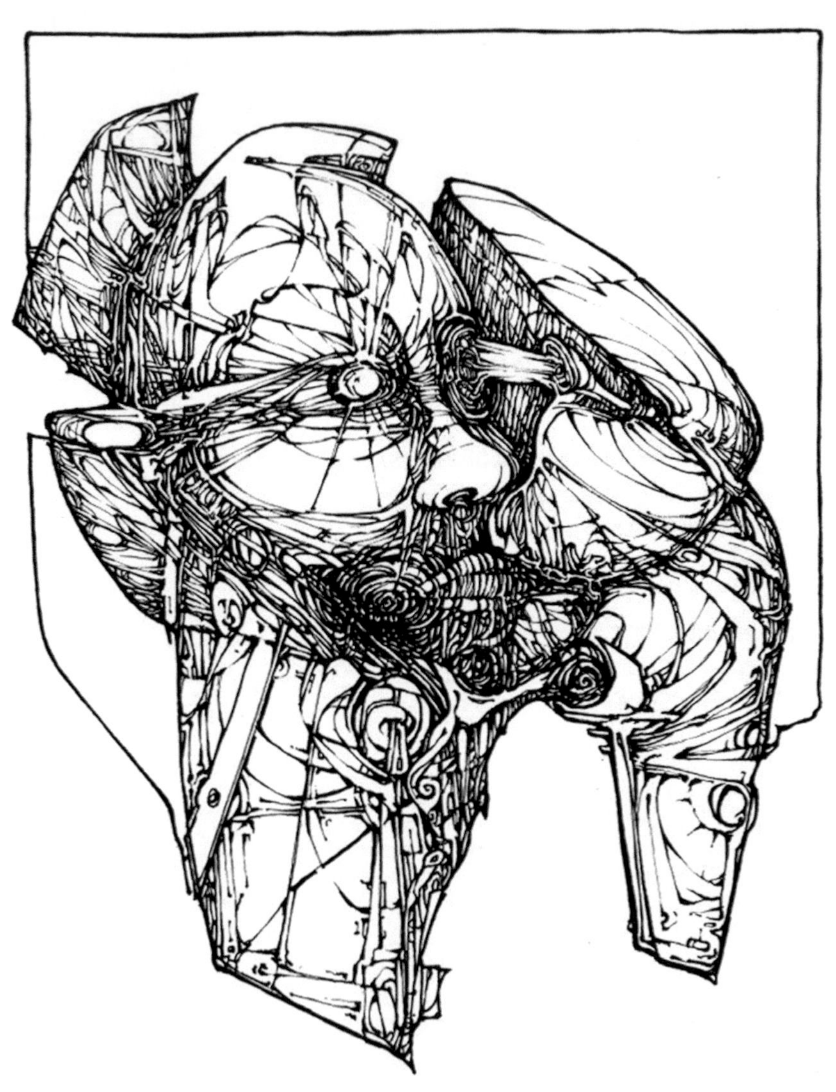

Trügen wir doch
unsere innere Gestalt
nach Außen:
Welch wundersame Vielfalt
an gediegener Verformung
seltsamen Verwüchsen
und abhandenen Partien

Man würde sehen
wie früh wir anfängen
mit dem Veröden der Freude
  dem Treten der Schönheit
  dem Stauchen der Liebe
  dem Quetschen der Seele
  dem gegenseitigen Erdrosseln -
mit dem Missbrauchtum

Ob wir noch küssen könnten
mit den vernarbten Lippen
und gebrochenen Kiefern?
Was ist mit den zerfetzten Ohren?
Könnten wir noch sehen
mit den verätzten Augen?

Aber das tun wir auf keinen Fall!

Wir schauen uns anstatt
auf die gepflegten Köpfe.

Fluke

A littlest thing
comes and goes
just once

A pixel
in an ever changing
big picture

A flicker
in a strobe
for an evolving composition

Constitute
and reflect

Something rushes by:
A glimpse
  at a fate
    complete
      furnished
        hermetic
A lightning-fast daydream
  of someone else
Explosive branching
  implosive contraction
Massive shifts
  inside small movements
Distant voices
  elusive words
    forgetful
      entropic
Quietness
Breathing
  with calming regularity

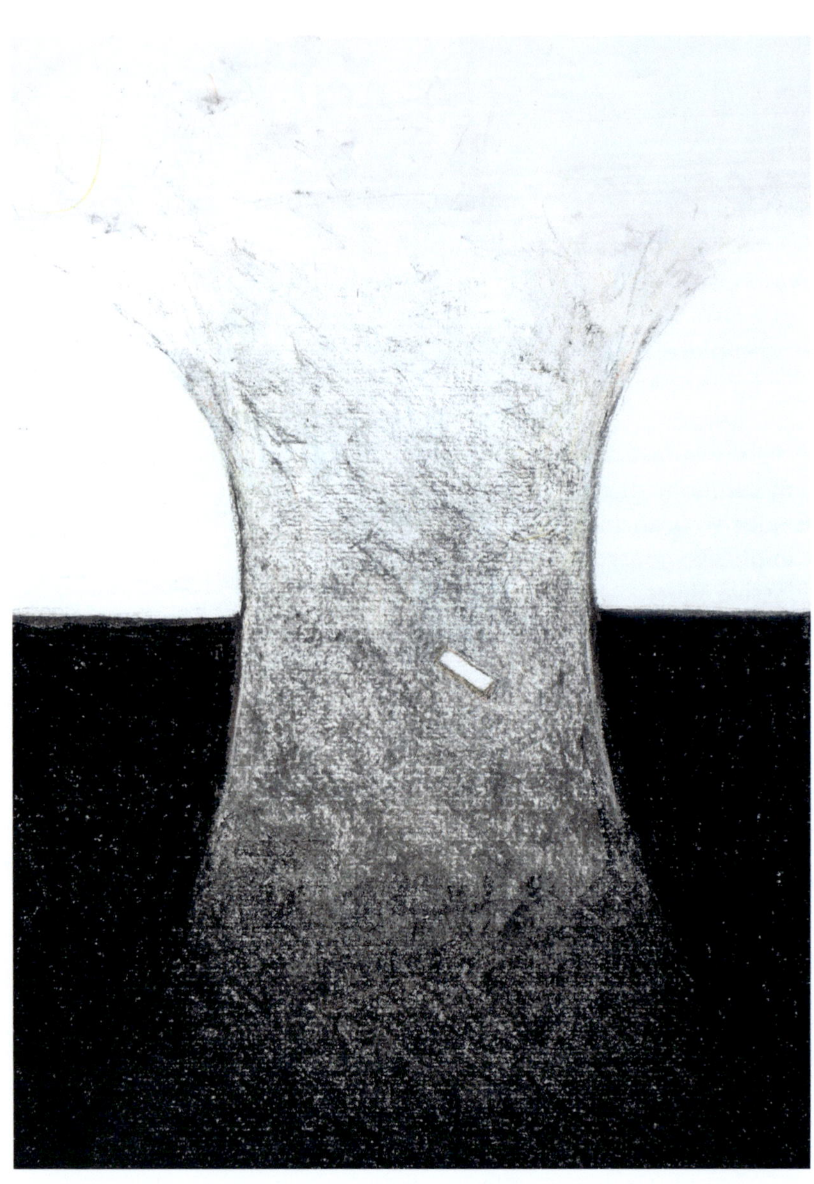

OBITUS

FUNKE

Was kümmert mich Welt,
   was Welt denkt
   und mit beschäftigt ist,
wenn sich Welt entfernt,
   wie ein kleines Fenster
   in tiefschwarzer Nacht,
davonfliegt,
   wie ein Funke,
   absurd winzig
   und bald unsichtbar,
wenn Welt
   bald erlischt?

Wenn das Unvorstellbare
   sich verdichtet,
   wird es euer Universum
   mit all der Helligkeit
   und all der Dauer
nie gegeben haben!

UNNOTICED

When is Now?
Now slips out of reach

Defective moment,
stutter and leap

White wall
is time

Narrow windows
show some past

Corridor, a ceiling,
a row of lights

Sounds like words,
order misplaced

Infinite chair
sitting nowhere

Tired heart
accepts it's uselessness

And stops,
unnoticed

There will come a day
shorter than any other
there will be
no falling asleep again
there will be
no hindsight
no reflecting upon
a next moment
will not exist

There will come
the end of memory

In dreams
the dead are,
  like everybody else,
unpredictable.

  But in contrast,
it is their only
remaining life,
this unpredictability.

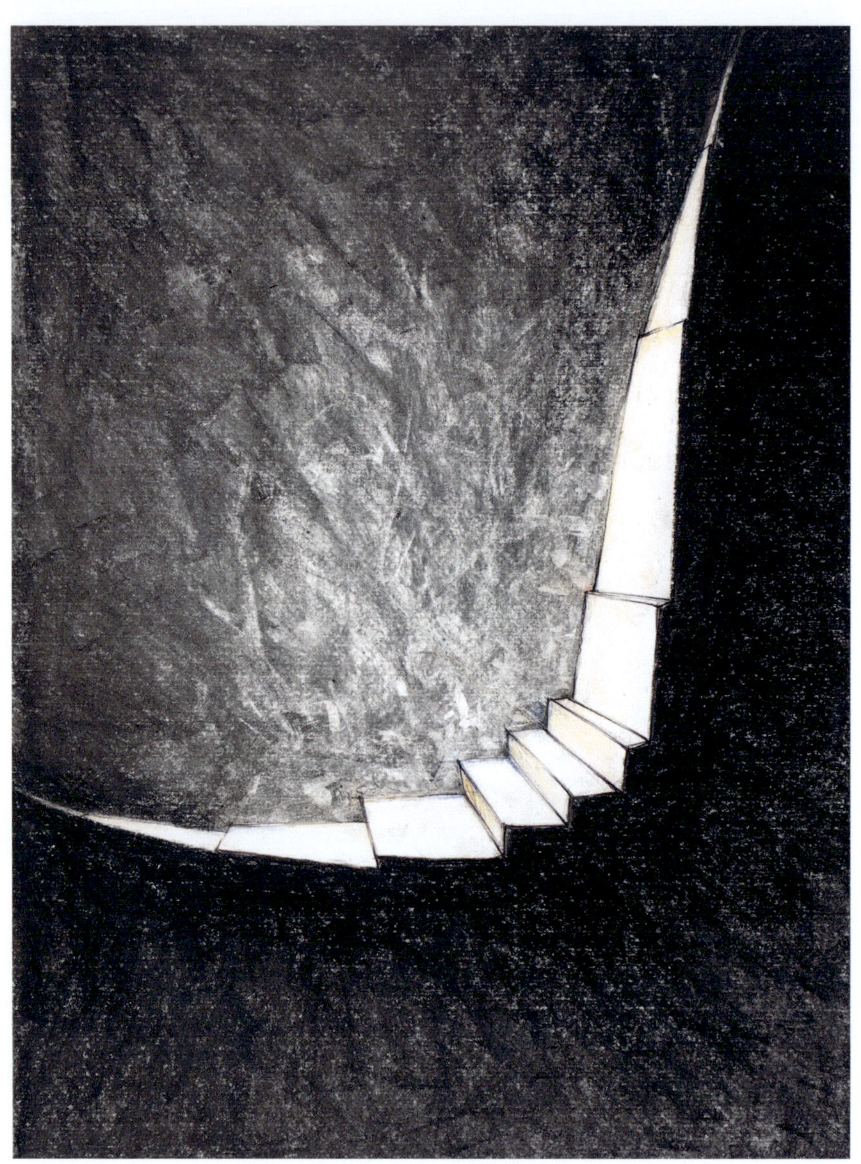

(PARENTS)

They are strewn
into the ground
on which I walk,
from which
the trees grow
so marvelous.

With their words
I think.

I shall see snow again
and icicles
for them.

Mortality
brings tears to my eyes.

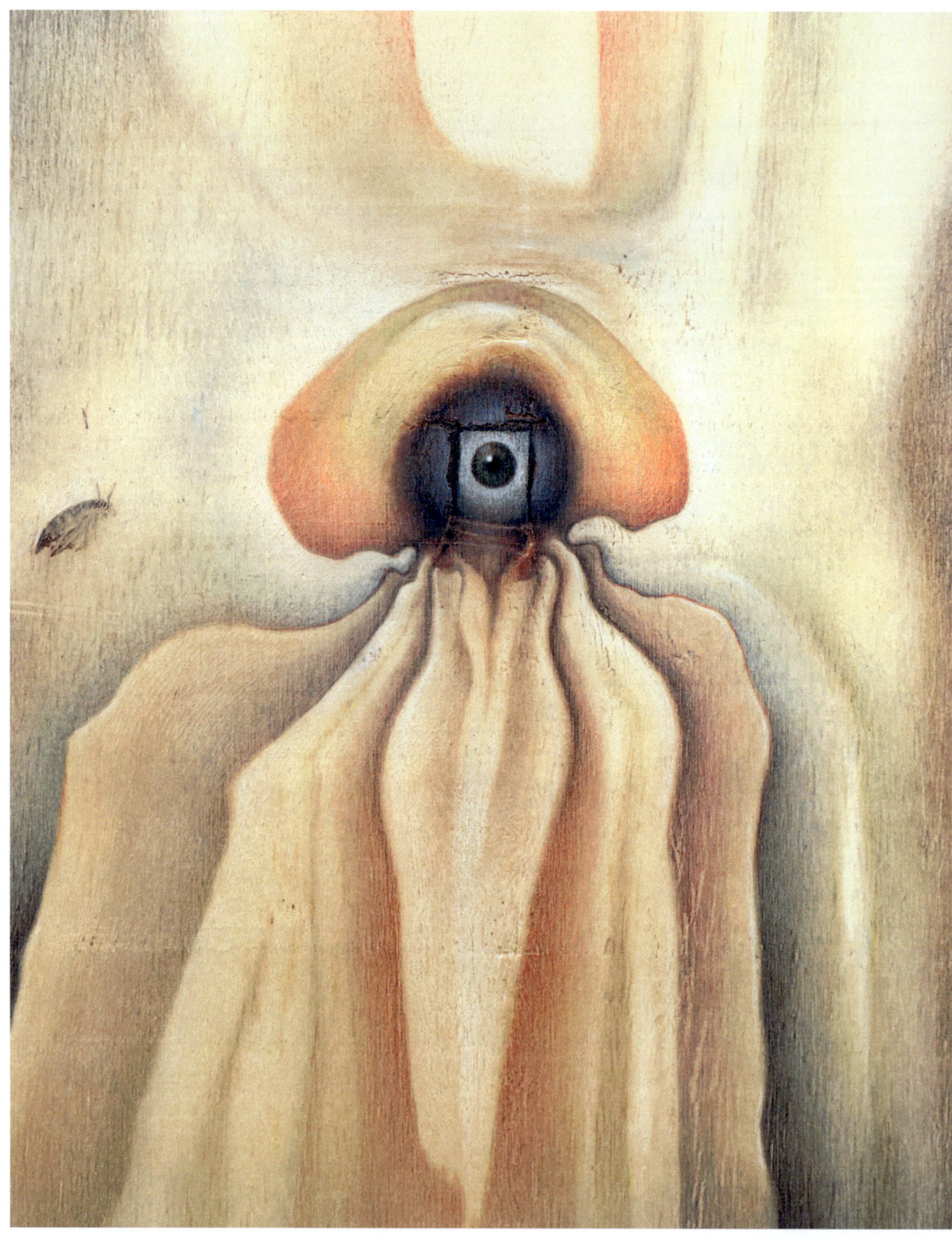

Wenn ich mich nicht täusche,
dann hat das Werk Stravinskys
mit diesem Baum hier zu tun,
mit all diesen Bäumen
im dichten Wald.

Mit diesem aufschießenden,
wetteifernden Gedränge,
wie eiliger Schimmel …
Ein peitschendes Gewachse
und Züngeln
dem Licht entgegen,
dem Flimmern der Tage,
Flackern der Jahre …

Ich wäre nur ein unmerkliches Huschen …

Es gibt viele Zeiten,
wenn ich mich nicht täusche,
relative Geschwindigkeiten
und Wahrnehmungen,
Dehnung, Stauchung,
und wieder Raserei
nahe dem Licht
und im Allerkleinsten.

Ich spaziere auf Goldstücken.

Das Universum raschelt.
Ich spüre die Unschärfe,
und bin mittlerweile,
bemerke ich summend,
von Pilzen umzingelt –
… momentan leider nicht erreichbar …

Ein Statthalter
geht exakt genau dort
wo ich zu gehen scheine.
Das Selbst ist fort
für eine Zeit unschätzbarer Dauer.

In der seltsamen Zeit
des beginnenden Krieges
erschien dem Künstler
jede Beschäftigung
mit seiner Kunst
unangebracht,

    in dieser Blütezeit
der unerhörten Mahner,
des stummen Entsetzens
und menschlichen Getöses,

    in dieser Unzeit
für Feinsinn und Schnörkelei.

Sollte er hingehen,
sich beteiligen am Krieg?

    Oder im Hause bleiben
auf einem Stuhl,
mit Brotmesser
in der Hand,
    gegenüber der Eingangstür
in der Hoffnung,
sie würde standhalten
den äußeren Machenschaften.

Draußen war nun
ein anderer Umgang
mit anderen Regeln,
    ein gegenseitiges Antun
und äußerstes Zunahetreten!

Er stellte sich vor:

Rücksichtslose Kämpfe
um letzte Reserven.

Unvollständige Gestalten,
von Gewalt verformt.

Die Moral,
tödlich verwundet
und in Lumpen gehüllt,
    verfolgt
von knurrenden Blicken
voll körperlicher Gier.

    So viel hatte er gehört
über Krieg,
    nichts selbst erlebt,
nur unbotmäßige
Gedankenspiele.

    Die Pinsel ergriffen
wie Besteck,
malte der Künstler
auf die Leinwand
mundgerechte Stücke.

Here is
where I always am!

All distance
emanates from me.

Here is determined
by my movements
and general rotation.

Here is - then -
dependent on the moment!

Now is
when I always am!

Past and future
emanate from me.

Now is determined
by my presence
in the entropic progression.

Now is – then –
dependent on position!

This is
at the center
of a sphere
which is the extent
of my reach.

The sphere
is of negligible size
when seen from the outside.

The outside
cannot be grasped
from the inside.

The Inside
fabricates meaning.

It is like snail shells
    wherein the past resides.
    In tiny winding infinities
      spiralling out of reach.
    Embedded in the folds
      and curvatures
        of our brains.

There dwell
   abandoned questions
    possible answers long expired,
 obsolete insistence
    on exclusive points of view
 unresolved confusions
    and forever unverified misgivings.

There coiled
   barely kept secrets
    aging pallid and stale,
    untimely confessions
    once discarded by themselves
    as inappropriate,
    now meaningless.

All will disappear
   with no trace, no tracks
     no aftermath,
   liberated
    by gravity and entropy
    from a crumbling shell
      Itself bone meal soon enough

Stehe ich vor einem Spiegel,
lächle ich sofort,
schneide lustige Grimassen,
zwinkere ihm zu.

Woher dies Vergnügen,
dies Schelmische?
Wofür ist das gut?

Oder: Wogegen?

Und:
Was ist so amüsant?
Vielleicht bin ich witzig,
oder albern.

Oder er…?

Ein breites Grinsen jetzt
im launischen Gesicht
Dann ein Moment Treuherzigkeit,
und eine Probe tolle Wut.

'Was für ein kleiner Schauspieler',
reflektiere ich,
'und so eifrig bemüht
um die eigne Wirkung...'

Beinah ein böser Blick,
aber dann doch noch
nachsichtiges Schmunzeln.

Seh ich ihm an,
was in mir vor sich geht?

Immerhin,
wir beäugen einander oft
durch dieses Zauberglas
seit gefühlter Ewigkeit!

…'bis dass der Tod uns scheide'…

Doch,
wir durchschauen uns,
geben zu Erkennen
mit charmanter Offenheit.

Oder ist das Augenwischerei?

Falle ich herein
auf keckes Gebaren,
auf die selbstgefällige Fassade,
mit der gaukelnden Visage?

'Kann ich ihm selbst vertrauen,
Verlässliches entdecken?'
frage ich mich
nicht ohne Zweifel.

Verstellt er mich..?

Er lächelt wieder,
verschmitzt,
wie ein Komplize.
Als teilten wir Geheimnisse…

Ich mache gute Miene
bei seinem Spiel
mit meinem Anblick.

Herrliche Absurdität.

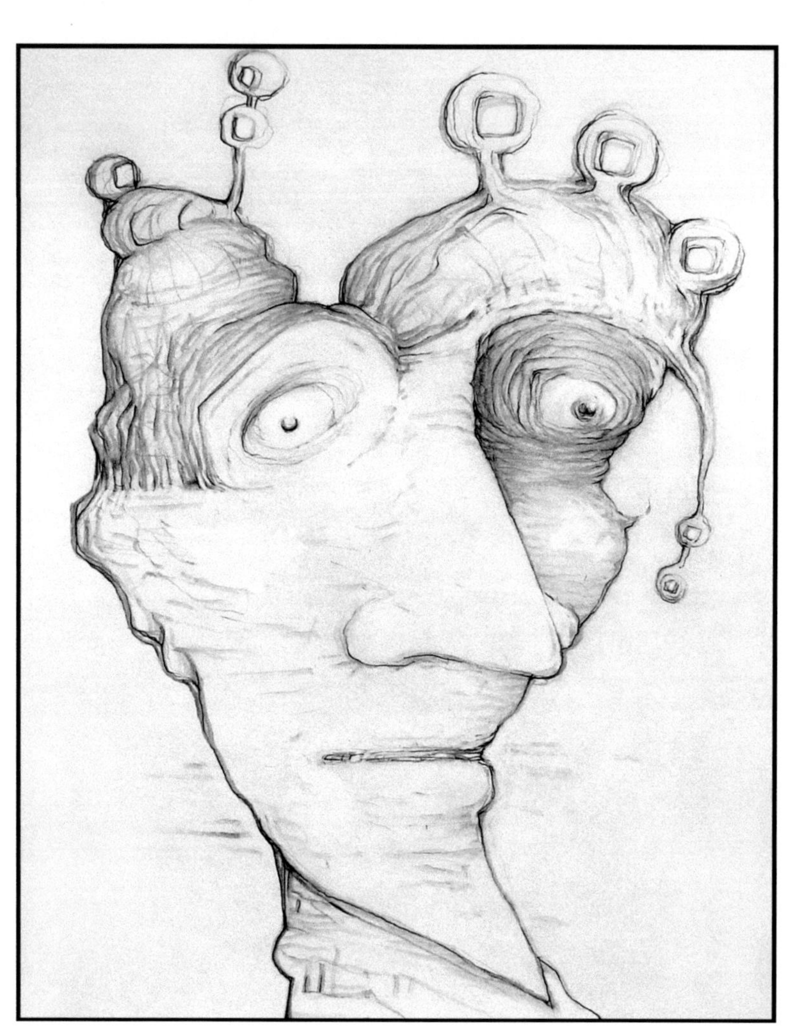

Das Nichts hat keine Ausdehnung – Punkt.
Nichts ist zeitlos.
Schon das Sein ist temporär.
Zusammenbrauen – Fließen – Versiegen.

Wenn es die Vergangenheit gäbe,
noch..!
Dann wär man was!
Wenigstens nicht Nichts.

Das glühende Kupferhaus,
nun verborgen am Horizont:
Mein Ziel,
das ich nicht mehr erreiche
vor Einbruch
der Dunkelheit.

Ein letztes Zeichen aus Licht
zeigt mir,
wo es zu finden wäre.

Doch am frühen Morgen,
wenn die farblose Nacht
zu Schatten gerinnt,
und das Bunte zu treiben beginnt,
wird es ganz woanders sein.

Und die unruhige Suche
mit all den Bewältigungen
und Querungen
muss von Neuem beginnen.

'Trügen' ist 2011 entstanden als ein begleitender Text für zwei
Bilder, die auf Einladung in einem kleinen Büchlein mit dem
Titel Kochonsel Fraktur von Wittek erschienen (und die seit
der Buchvorstellung / Ausstellung verschwunden sind...).
Der Text ist nicht wirklich eine Erklärung für ein Bild.
Die Idee brachte aber eine Serie von Zeichnungen mit
dem fortlaufenden Titel 'VerForm' auf den Weg.

Von 'Glimpse' gibt es auch eine deutsche Version,
wahrscheinlich die ursprüngliche.
Mir kommt die englische Version aber eleganter,
präziser und dadurch wirkungsvoller vor.
Das gilt bedingt auch für 'Snail Shells'. Die Worte fügten sich erst in
der englischen Sprache zu einem befriedigenden Ganzen zusammen.
Andere Gedichte lassen sich schwer oder
garnicht ohne Verlust übersetzen.

Obitus:
Die Gedichte unter der Überschrift 'Obitus' entstanden aus Noti-
zen und Textfragmenten zu einer Zeit, als meine Eltern kurz hin-
tereinander durch Krankheit und allgemeinen körperlichen und
geistigen Abbau verstarben. Das Mitverfolgen dieses vorherseh-
baren Prozesses und meine eigenen Reaktionen darauf führten
mich zu der dringenden Überzeugung, dass ich dies in Worte fassen
müsste, bevor ich über irgendetwas anderes schreiben könnte.
Dass vier der fünf Texte in der englischen Sprache (die fast 20 Jahre
meine Umgangssprache war) verfasst sind, liegt wieder an der Präzi-
sion, am Ton und Fluss der Worte. Es sind keine Übersetzungen.

SB Juni 2021

There is a German version of 'glimpse', probably the original one. It seems to me the English version is more elegant, precise and therefore more effective. That is also true to a degree for 'snail shells'. The words and verses form a satisfying unit only after being transformed into the English language. Other poems are difficult, or even impossible to translate without significant loss.

The poems under the heading 'Obitus' arose from notes and text fragments at a time when my parents each died in short succession, largely due to disease and general physical and mental decline. Witnessing this foreseeable process as well as my own reactions convinced me strongly that I had to put this into words before I could write again about anything else. 4 out of 5 poems were originally written in English (which was my main language for almost 20 years) due to the precision, the tone and flow of the words. They are not translations.

The piece 'fluke' is it's own explanation (and perhaps contradiction).

I wrote the first rough version of 'here' while I was waiting in a parked car for over an hour in the dark. The car was about 300 yards from a busy intersection outside of a small town. It seemed to me the traffic, the workings of the traffic lights and time itself were caught in a loop. Cars were gathering, waiting for green, advancing while the cross traffic was coming to a halt, again and again, or anew every time. It was mesmerizing. I had the strong feeling this intersection could be anywhere on the planet, isolated by the darkness and the constant repetition of events. The only defining difference was that I was here, observing...

www.stefanbarton.de
Clex-werk.blogspot.de
Images on Instagram
stefan.barton@gmail.com

'Nervus Opticus' ist Melodendron 6

Dɪᴇ Bɪʟᴅᴇʀ / ᴛʜᴇ ɪᴍᴀɢᴇs:

Titelbild:	unlock	Bleistift/Buntstift	A3	12 / 2020
Seite 10:	transpire (detail)	Acryl	A1	05 / 2019
Seite 14:	a set of eyes	Bleistift	A5	04 / 2021
Seite 16:	Blind	Bleistift	A7	09 / 2020
Seite 20:	VerForm 2	Fineliner	A4	11 / 2011
Seite 26:	blurred transit	Kohle	A3	04 / 2015
Seite 32:	april metaphor	Kohle	A3	04 / 2015
Seite 34:	stroll	Buntstift auf Holz	A4	01 / 2021
Seite 36:	warhead 2	Acryl		04 / 2019
Seite 40:	pasts residence	Bunttift/Acryl	A5	04 / 2021
Seite 44:	something, anything	Kohle	A3	02 / 2020
Seite 50:	process	Mixed	A5	07 / 2018
Rückseite:	concrete likeness	Manipuliertes Foto		06 / 2020

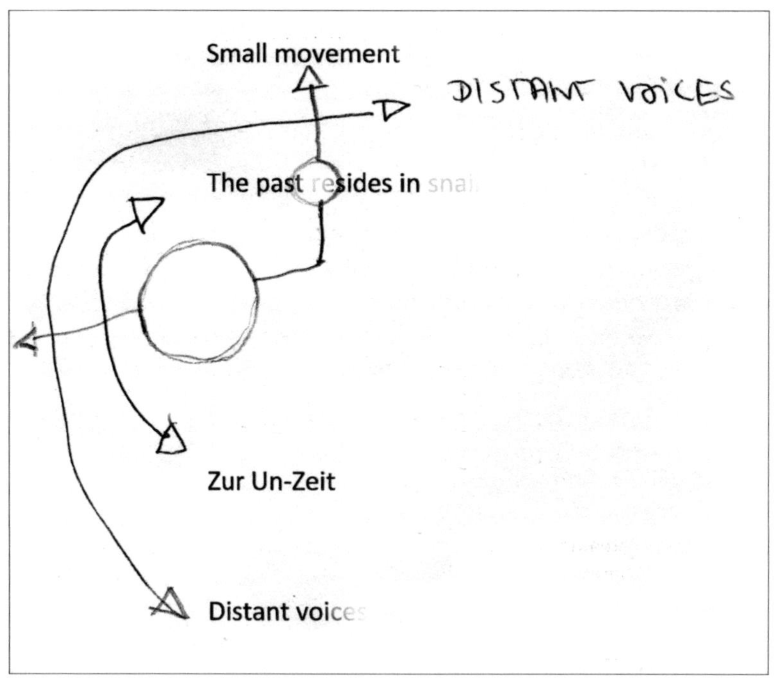

1: Der Aufdringling
2006   8 Erzählungen
196 Seiten
ISBN-13: 9783735786753

2: Kiss of Elements
2011   17 Gedichte (mit 16 Bil-
dern von S.Cohen, P.Dvorak, J.Hill,
J.Nikolai, E.Barton, S.Barton)
48 Seiten
ISBN-13: 9783842366824

3: VerForm
2014 Zeichnungen und Manipulationen
44 Seiten
ISBN-13: 9783735781185

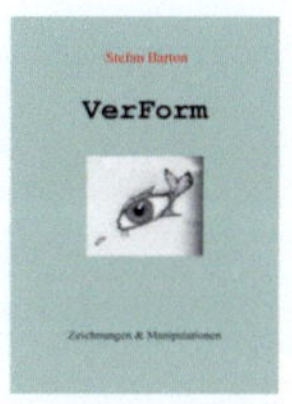

4: Transterior Exogram
2018   30 Bilder (Gemälde, Zeichnungen) mit
einleitenden Worten von Carrie Earle Allen
44 Seiten
ISBN-13: 9783746094588

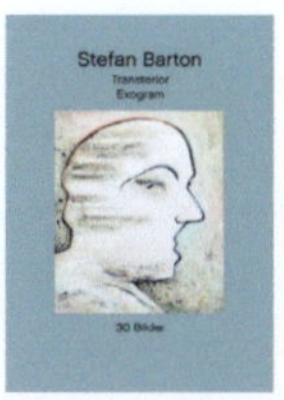

5: Gestalt
2019   35 Bilder (Gemälde, Zeichnungen,
Manipulationen, VerFormungen) mit ein-
leitenden Worten von Jennifer Hill
44 Seiten
ISBN-13: 9783749497706

Biete:

Gebrauchte Seele !

zeigt Spuren der Abnutzung
und Ernüchterung.
Glanz etwas stumpf geworden,
Oberfläche leicht angekratzt.
Ecken und Kanten angestoßen.
Ausgeleiert, aber vollständig!
An Bastler und / oder Sammler…

Chiffre 2731964